[韩] 孙京伊 * 著　[韩] 元正民 * 绘　程金萍 * 译

*

重要的 —性—

影响女孩一生的性教育

—心 理 篇—

中信出版集团 | 北京

图书在版编目（CIP）数据

重要的性·影响女孩一生的性教育. 心理篇 /（韩）孙京伊著；程金萍译. —北京：中信出版社，2021.7（2025.11 重印）
ISBN 978-7-5217-3222-1

Ⅰ. ①重… Ⅱ. ①孙… ②程… Ⅲ. ①女生—性教育 ②女生—心理健康—健康教育 Ⅳ. ①G479

中国版本图书馆CIP数据核字（2021）第106930号

重要的性·影响女孩一生的性教育：心理篇

著　　者：［韩］孙京伊
绘　　者：［韩］元正民
译　　者：程金萍
出版发行：中信出版集团股份有限公司
（北京市朝阳区东三环北路 27 号嘉铭中心　邮编　100020）
承 印 者：北京盛通印刷股份有限公司

开　　本：787mm × 1092mm　1/20　　印　　张：6.2　　字　　数：95千字
版　　次：2021年7月第1版　　印　　次：2025年11月第8次印刷
京权图字：01-2021-3739
书　　号：ISBN 978-7-5217-3222-1
定　　价：39.80元

出　　品：中信儿童书店　图书策划：神奇时光　总 策 划：韩慧琴　策划编辑：李苑苑
责任编辑：韩慧琴　营销编辑：李梦淙　装帧设计：王艺橙

服务热线：400-600-8099
投稿邮箱：author@citicpub.com

前 言

各位亲爱的读者，大家好！

“小女生嗓门怎么这么大？”

“女生和粉色更搭配。”

…………

大家有没有听过这些话？

“男生嘛，就得精神一些。”

“他明明喜欢我，怎么偏偏说讨厌我呢？”

…………

大家有没有这样想过呢？

很多人都认为，男生就应该活泼开朗，

而女生就该文静一些。

这些都是谁规定的？这些条条框框是必须遵守的吗？

本书涵盖了
做自己以及友情、亲情等内容，
和大家分享了与小女孩心理相关的 23 个故事及作者的见解。

相比“做个男子汉，做个淑女”，更重要的是“做自己”。
希望孩子们与父母和老师共同探讨其中的深意。

真正有魅力的人懂得尊重别人，
会慢慢活出自己的样子。

谨希望大家认真阅读本书，
茁壮成长，
幸福健康地生活。
家长们要记得做好表率哟。

孙京伊老师

目录

性别角色

第 2 章 女生和男生都是平等的个体！ 33

第 3 章 我身体的主人只有我自己！ 61

第 4 章 我们都是朋友！

第1章

我要做自己

01 请叫我的名字

听听我的故事

我有很多名字。

爸爸叫我“小公主”，奶奶和爷爷叫我“小狗狗”。

朋友们也给我起了很多别称，

因为我的脸很黑，有的朋友便叫我“黑豆”，

因为我喜欢黄色，有的朋友便叫我“小黄鹂”。

我真正的名字是金敏荷。

我很喜欢自己的名字……大家能不能直接叫我的名字啊？

请尊重我们的朋友，直接叫他们的名字。

你知道自己的名字是怎么来的吗？是那些真心爱护你的人，为了迎接和祝福刚刚来到这个世界的你，经过深思熟虑后为你起的。

不过，好朋友之间通常会起一些形象的别称，而不称呼对方真正的名字。父母和爷爷奶奶也会因为喜欢你，觉得你可爱，而常常用小狗狗、小可爱、小公主等昵称称呼你。

不过，即使彼此关系亲近，互相喜欢，有些别称也会令人生厌，也会让人伤心。

因此，孙老师觉得，与称呼对方的别称相比，还是称呼对方的名字更好。因为称呼对方的名字是尊重对方的一种体现。

有的人觉得自己的名字不好听，心里会有一点点忧伤。在这个世界上，每个人的名字都充满魅力，没有好听或难听之分，每一个名字都应得到别人的尊重。

能让自己的名字充满魅力的正是你自己。因此，请大家从内心接纳自己的名字，并引以为豪吧。

02 我什么也做不好

听听我的故事

我和徐仁是最好的朋友。

但我们两个有很大的不同。

徐仁话不多，很文静。

他成绩优异，画画也很好。

而我话多，嗓门很大。

我成绩很差，画画也不好。

我很羡慕每天都会被大人夸赞的徐仁。

我也想变成徐仁，

那样就能得到别人的称赞了……

不要进行攀比，寻找自己的闪光点。

我们经常会羡慕别人，羡慕别人成绩好、个子高、会弹钢琴……有时还会模仿别人充满魅力的模样，甚至还想变成别人。不过，在羡慕别人的同时，大家千万不要忘记一件非常非常重要的事情——

那就是我们自己身上也有闪光点。“虽然我学习成绩不好，但我充满活力，有很多朋友；虽然我不会弹钢琴，但我运动细胞活跃，擅长跑步和踢足球……”每个人都有自己擅长的事情，只是有些自己还没有发现而已。

找到自己的闪光点是**做自己**的第一步。

寻找自己的闪光点，先要想一想自己擅长做什么，喜欢做什么。如果你喜欢助人为乐，喜欢读书，那这些便是你的闪光点。

闪光点并不一定是很亮眼、很了不起的。自己喜欢、擅长的事情便是你的闪光点。

找到自己的闪光点后，大家不要自我满足，停滞不前，而是应该将它们“发扬光大”。比如，你喜欢读书，那就可以给弟弟读故事；你喜欢助人为乐，那就可以多多帮助妈妈及其他家人、朋友等。

你身上肯定有不逊色于他人的、值得自豪的一面。

03 我喜欢黑色，这很奇怪吗？

听听我的故事

我喜欢黑色。

我的笔袋、书包都是黑色的，

连鞋子也是黑色的。

我的朋友珠熙喜欢粉红色，

她的练习本、笔袋、书包都是粉红色的。

珠熙时常对我说：

“女孩子就应该喜欢粉红色，你好奇怪啊！”

我的东西要都换成大家认为的适合女生的粉红色吗？

颜色没有性别之分。

小时候，孙老师也感觉粉红色和自己不搭，便很少选择粉红色的东西。可我的父母偏偏给我买了很多粉红色的衣服等物品，他们说因为我是女生。我对他们说："我不喜欢粉红色，我喜欢黑色。"可我听到的劝导却是："你是女生，粉红色更适合你。"

在有些人看来，颜色也有性别之分，所以才会有"蓝色适合男生，粉红色适合女生"这样的说法。大家去服装店、鞋店和玩具店的时候，会发现男生的物品通常为蓝色系的，而女生的物品通常为红色系的。为什么会这样呢？

很久以前，英国军人通常穿红色的军装。这样在打仗时，即使负伤流血，敌军也不会轻易察觉到。因此，在当时，红色和相对浅一点的粉红色是男性的颜色。而蓝色是圣母玛利亚的象征色，女性一般喜欢蓝色。

18世纪，法国的贵妇人开始喜欢粉红色，衣服和随身饰品等物件大都是粉红色的。从那时起，给女儿穿粉红色衣服、给儿子穿蓝色衣服的人也越来越多。

其实，颜色本没有性别之分，这都是由人的喜好决定的。与其听别人的评论或者盲目地追随流行趋势，不如遵从自己的选择和决定。希望大家谨记这一点。

04 女生必须会撒娇吗?

听听我的故事

在初次见面的大人面前，

我的表妹雅英嘻嘻哈哈，很会撒娇。

而我却很害羞，

我喜欢静静地坐在一旁。大人们会说我：

“这女孩子怎么不会撒娇啊。”

虽然听了他们的话，我很尴尬，

但不会勉强自己去撒娇，好让大家觉得我比较可爱。

难道这样的我就不是一个可爱的小孩吗？

女孩必须会撒娇，这种说法是不对的。

大家应该经常会听到“女孩子应该温柔，女孩子应该……”。在前面的小故事里，那个小朋友就从大人口中听到了“女孩子不会撒娇”的质疑和评价。

撒娇是什么意思？按照两个小朋友的表现及大人们说的话，撒娇是女孩的一种状态，甚至是一种必备技能。不过，撒娇的本义其实是：“用亲切、美好的话语或行动，让对方感觉自己很可爱的一种态度。”没有任何资料表明撒娇是女孩特有的事情。

不过，人们通常认为撒娇是女孩必须具备的技能。当然，会撒娇也不是什么坏事。

孙老师想要表达的是，女生不会撒娇也是很正常的事情。性格大大咧咧、说话直来直去的女生同样很有活力，很有打动人心的力量。当然，也有男生会撒娇并喜欢撒娇。没有什么事情是身为女生必须做，而身为男生就不能做的。女生大大咧咧和男生爱撒娇都不是奇怪的情况。

也有很多人对女生的评价是“女生爱发小脾气”“女生很爱哭”。其实男生也有爱发小脾气、爱哭的。这都很平常。当然，也有很多女生很坚强，不会轻易流眼泪。其实，爱哭、爱发小脾气并不是坏事，只是事出有因。不过，“身为女生应该这样”“身为男生应该那样”……这些想法是错误的。

05 比起洋娃娃，我更喜欢小汽车

听听我的故事

因为要和爸爸一起去玩具店，所以我从早上就开始兴奋。

一直以来，我都很想要一个
重型装备汽车玩具作为儿童节礼物。

“爸爸，我要买这辆小汽车。”

我拿着小汽车给爸爸看，
而爸爸手里却拿着一个穿着裙子的艾莎公主。

“别买小汽车了，买这个吧。很多女孩子都喜欢这个。”爸爸说道。
为什么大人们都以为女孩子喜欢洋娃娃呢？

玩具和游戏是不分性别的。

大人们一般都认为汽车或机器人根本不适合小女孩玩。看到小女孩玩汽车或机器人，他们就会手拿洋娃娃递给她们，还会很忧心似的表示：“小姑娘怎么能玩这些东西呢?”这样一来，小女孩就会觉得：“啊，原来我做得不对呀。我是女生，应该喜欢洋娃娃才对！”

相反，如果男孩子拿着洋娃娃玩耍，或者在一旁静静地坐着抓石子玩儿，大人们会觉得男生不应该这样，甚至会推着他的后背让他去玩别的。如此一来，这个男孩也会觉得自己错了，开始慢慢找一些大人认为的男孩子应该玩的玩具或游戏。

其实这都是大人们的**固有观念**。固有观念指的是不管正确与否，世人心中根深蒂固的一些观念。

不过，玩具没有性别之分，既没有专门给女孩的玩具，也没有专门给男孩的玩具。游戏也一样。大家只要选择各自喜欢的玩具和游戏玩耍即可。

有些玩具公司会在玩具包装上印上女孩和男孩一起玩耍的图片。因为不管是什么玩具，男孩和女孩都可以玩。

从现在开始，无论是什么玩具和游戏，我们都不要再区分适合男孩还是女孩了。希望大家以后都能成为尊重个人游戏风格的人。

06 瘦一点儿不是更好看、更健康吗？

听听我的故事

我的家人正坐在客厅里吃炸鸡。

啊，好香啊！

我连口水都流出来了，

不过，我还是忍住了。

因为我正在减肥……

我的目标是减掉5公斤。

可是，炸鸡的诱惑太大了，太难抵挡了。

要不，我只吃一口？

绝对不能过度减肥。

很多人都想拥有纤瘦的身材。有的人即使体重标准，甚至偏低，还是会选择饿肚子来减肥。

孙老师也减过肥。当时，老师短时间内长了很多肉，不仅身体变得笨重，健康状况也越来越不好。刚开始，老师采用饿肚子的方式减肥，确实有效果，但没几天就反弹了，又恢复到原来的体重。所以，老师又换了一种方式——少吃零食，多运动，健康减重。后来，体重减轻了不少，而且没有反弹。

一旦体重超标，疾病就很容易找上门来。为了身体健康，也要减肥。不过，老师比较担心那些通过饿肚子来减肥的人。大家应该像老师一样，通过正确方式减肥，让身体恢复到健康状态，而不是一味地饿肚子，这样做对身体有很大的伤害。

此外，一旦给自己设定了减肥目标，或者想维持一个固定的体重，往往会有一种压迫感。这种压迫感指的是心理压力，每次吃东西时，心里总会有一种不安的感觉。减肥真是太不容易了，是对身体和心理的双重考验。

现在正是大家身体和心理成长、成熟的重要阶段。不要盲目追求变瘦变美，保持健康，珍爱自己原本的模样就可以了。

07 短发看起来更酷

听听我的故事

因为头发上粘了一块口香糖，所以我剪了短发。

刚开始有些别扭，但现在我觉得短发很帅气。

不过，妈妈非常伤心，每次看见我时都会深深地感叹：

“哎哟，女孩子家的，头发这么短，成什么样子？
跟个男孩子似的……”

我很喜欢自己的发型，
难道在大人眼里，只能男孩留短发吗？
我把头发留长，看起来就像女孩了吗？

展现自己的真实想法，才是真正的个性和魅力。

短发女生真的很帅气。如果孙老师适合短发的话，也会将头发剪短的。将头发剪短后，不仅方便清洗还会节省吹头发的时间。不过，前面小故事里那个女生的妈妈似乎非常伤心，可能在她看来，女生留短发，看起来就不像是女生了。

但是到底什么样才是女生样呢？是长发飘飘吗？

孙老师认为，相比“像个女生”“像个男生”，最重要的是“像自己”。因为我们每个人都是宇宙中独一无二的存在。

每个人都可以按照自己喜欢的方式来合理打扮自己，彰显自己的风采。这就是前面我们所说的个性。

如果我们一味地听从别人的建议或让自己遵守所谓标准，那么就会让自己真正的个性消失。“和别人与众不同的自己”泯然众人矣，真的是一件很让人难过的事情。

那我们要怎样展现自己的个性呢？首先，我们要发掘自己的个性。其次，要考虑为了彰显自己的个性，我们应该做些什么。当然，我们的行为不能给别人带来伤害，也不能让别人感觉无法直视。

此外，大家也不要对别人指指点点，或者揶揄、嘲笑。只有尊重别人的独特个性，自己的个性才会得到别人的尊重。

课后活动 01

我是一个什么样的人？

在本章，我们学习了如何做自己。所谓“做自己”，就是无须在意别人的评价和目光，接受并尊重自己原本的样子，珍爱自己原本的样子。那我们是不是应该先了解一下自己是一个什么样的人呢？

大家可以通过回答下面的问题对自己有一个比较细致的了解。充分了解自己的情况，是爱护自己的第一步。只有知道如何爱护自己，才能爱护并尊重别人。

你最喜欢哪本书？

你最好的朋友是谁？

你的梦想是什么？

姓名

你最喜欢什么颜色？

你最幸福的时刻是什么时候？

你最想成为谁？

你最喜欢什么食物？

你最讨厌听到的话是什么？

第2章

女生和男生都是平等的个体！

08 女生也是英雄

超级英雄!

听听我的故事

蜘蛛侠、蝙蝠侠、超人、雷神……

连我最喜欢的钢铁侠也是男性。

电影里的英雄大多数是男性。

只有男性才能守护这个世界吗？

女性一样本领高强、勇武过人呀。

我长大后，也要成为英雄：

“帮助那些力量弱小的人，

打败坏人，拯救地球！”

女生也可以成为英雄。

为什么电影里出现的英雄多是男性呢？难道是男性力气大、勇敢威武，更适合担任英雄角色吗？

过去在人们的印象里，存在着一种男性要比女性更加优越的错误认识，这种错误认识也就是所谓**固有观念。**

这种固有观念可能比我们想象的更为根深蒂固，影响着我们生活的各个方面。我们来一起了解一下那些被认为理所当然的固有观念吧。

“男生很勇敢，女生很胆小。”

“男生喜欢踢足球，女生喜欢做饭。”

…………

其实，这些只是长期以来，人们形成的一些关于性别特征的固有观念。喜欢做饭还是踢足球，只是一种喜好而已，与性别无关。女生也可以一样勇敢，男生也可以胆小。

没有什么事情是身为女生或男生理所当然的。大家必须摆脱这种对女生和男生的固有观念。我们可以充分展示自己的优势、个性、特长及爱好等，做自己想做的事情。

像电影主角那样拯救危机之中的地球，是一件很厉害的事情，但并不是只有那样做才能成为英雄。帮助需要帮助的人、捡起路边的垃圾等，这些事情也可以让你成为英雄。希望大家能够牢记这一点。

我很好奇！

女性伟人都有哪些？

历史上有很多女性建立了丰功伟业。不过，在古代有一种“男性优越主义”观点。即便女性取得非凡成就，也不会广为人知，甚至很难得到认可。一些电影或漫画描述相关事件时，也受到这种观点的影响。

今天，在这个世界上，有很多女性凭借出众的实力在各个领域取得了辉煌的成就。我们一起了解一下吧！

最年轻的诺贝尔和平奖获得者、教育活动家
马拉拉·优素福·扎伊

墨西哥画坛巨擘
弗里达·卡罗

韩国“排球女王”
金延璟

伟大的科学家
玛丽·居里

朝鲜时代伟大商人
金万德

英国动物学家
珍妮·古道尔

时尚先锋
加布里埃·香奈儿

韩国首位女律师
李兑荣

09 妈妈说大家要共同分担家务

听听我的故事

我们家举行家庭会议时，妈妈说：

“从今天起，每个人各司其职：艺京负责浇花，

连宇负责整理书桌、刷碗，

爸爸负责打扫客厅、将垃圾分类，妈妈负责做饭和打扫卧室。”

这是什么情况？

这些家务一直都是妈妈在做，

她怎么突然让大家一起分担呢……

难道是她感到累了吗？

家务应由家人一起分担。

扫地、做饭、看孩子、洗衣服……一个家庭的日常生活琐事有许多。把这些家务做好了，才能满足家庭成员生活需求，让一家人生活得舒适。那么，一直以来，你家里都是谁来做家务呢?

孙老师小时候，家里的情况通常是这样的：爸爸总是早出晚归去工作，妈妈不仅要照顾孩子，还要负责家里所有的家务。当时，大部分的家庭都是这样的模式。

现在，妈妈和爸爸两个人都去上班的双职工家庭很普遍。爸爸在家里照看孩子的情况也越来越多。

问题是，仍然有一些人认为干家务活是妈妈的分内之事，而对爸爸做家务的要求只是停留在“帮忙”的标准上。这与这些家庭的传统有关。

因为爸爸们小时候，他们家的大人们总是说“男生不能老是往厨房里钻”。所以在那种环境下长大的爸爸们，并不认为需要和妈妈一起分担做饭和打扫卫生等家务。

做家务不是某个成员的分内之事，而是需要全家人共同分担。

东西用完后放回原位、吃完饭后将空碗放进洗碗池、叠衣服、遛狗等，这些都是我们力所能及的事情。

从今天开始，请大家来找一下力所能及的家务活吧。和父母一起分担家务是一件很有意义的事情，大家肯定会感到很开心。

我很好奇！

找找自己能做的事情

整理鞋子、遛狗、叠衣服、将衣服放进洗衣机、饭前摆放碗筷等，这些事情虽然简单，但都需要有人付出时间，付出精力。你的家里是谁在做这些事呢？如果一直是一个人来承担这些事的话，那么是时候尝试改变一下了。

请仔细观察一下家里，还有哪些是自己力所能及的家务活，肯定有很多需要你搭把手的地方。

我能做的家务清单

请大家将自己计划做的家务写下来，
然后每天一件一件地去完成。

10 我的梦想是成为一名汽车维修工

听听我的故事

我很喜欢汽车，

尤其是那种非常庞大的车型！

长大了，

我要成为一名修理重型汽车的维修工。

不过，堂哥听说我的梦想后，竟然嘲笑我：

“女孩子当什么汽车维修工啊！那是男生该做的事情。”

那是我想做的事情，和性别有什么关系？

是谁说的男生可以，而女生就不行呢？

梦想与性别无关，努力去实现吧！

孙老师小时候有很多梦想，看时装秀时想成为一名服装设计师；因为擅长跑步，还曾经想成为田径选手……当然，也曾经梦想成为一名老师。现在看来，最终只实现了其中一个梦想。

孙老师举办讲座时，问小朋友他们的梦想是什么，得到的答复可谓五花八门：偶像、电竞选手、足球运动员、芭蕾舞蹈家、发明家等。

孙老师建议大家多尝试一些事情，拥有更多梦想。这样，大家就能更容易确定自己长大后想做什么。

随着社会的发展，人们的思想正在逐渐发生改变，但因为各种因素，有些人仍然认为女性和男性有各自能做和不能做的事情。不过，职业没有性别之分。只要想做，认真学习，努力钻研即可。工作的选择和取得的成果取决于努力的程度，和性别无关。

大家不要因为自己是女生，就放弃那些喜欢的职业。

选择职业时，可以听听父母的建议，也可以和朋友一起商量。不过，最重要的是你自己的心。

你的职业选择与性别无关，你应该选择自己想做的事情。

希望大家全身心地去追求自己的梦想，老师会为大家加油助威的。

11 那些男孩子一点儿风度也没有

听听我的故事

今天，班里的垃圾桶满了，
我让志勋去倒垃圾。

结果，志勋却说：
“哇，这也太沉了，你去倒吧。”

我看了看其他男生，想找别人去倒，
没想到他们一哄而散。

男生竟然让女生去做倒垃圾这样的事情，
真是一点儿风度也没有！

相比单方面的照顾，大家更应该彼此关照。

前面小故事里的主人公要想倒垃圾，自己直接去倒就可以了。可是她却去找男生帮忙，可能在她心中，志勋是个男生，而男生就应该做一些像倒垃圾这样她认为比较辛苦、需要力量的事情。

大家想一想，倒垃圾这种事情，女生依靠自己的力量是可以完成的，女性与力量，这两个词并不冲突。依靠自己的力量完成一件事，这样的女孩很可爱。

一些人们认为苦的累的事情，不是必须由男生做，也不是必须由男生帮助女生做。无论是男生还是女生，依靠自己的力量完成一些事情，不是很有魅力吗？

在某些事情上，女性完全没有理由让男性提供帮助或呵护。如果需要，男生女生可以互相支持，这和性别无关。同性之间也是如此，大家互相关心、互相帮助，才能将事情做得更好。

我们要照顾和尊重他人源自善良的心意，不能一味要求对方单方面付出。双方要互帮互助，彼此照顾。要发自内心地相互尊重，而不是建立在强制要求之上。请大家谨记这一点。

12 什么是女权主义？

听听我的故事

周末，我和爸爸一起去书店买书。

我拿着两本看起来很有意思的童话书，
想给爸爸看一下，发现他正在专注地看一本书。

“爸爸，你在看什么书呢？”我问他。
“呃，和女权主义有关的，
为了以后能给妍淑讲一讲。”爸爸回答。

女权主义？
这个词好奇怪啊，到底是什么意思呢？
听起来好深奥哟，我一定要了解吗？

构建彼此尊重的平等社会。

“女权主义”源自拉丁语femina（女士）一词，表示“具备女性气质或特点”。女权主义主张消除男性和女性在政治、经济、社会等方面的差异，还涵盖了在社会各个领域为女性争取权利的运动等。

那么，女权主义只需要女性了解、女性努力就可以了吗？当然不是，女性和男性都需要了解女权主义。人类社会还存在人种、宗教等各种不同的差异，有些人还会因这些差异而受到不平等的“差别待遇”。每个人都是平等存在的个体，都应被平等对待。

女权主义正是率先垂范、消除差别待遇的运动。不管有什么理由，任何人都不应该受到不公平对待，每个人都是应该获得尊重的生命个体。

在很久以前，女性无法获得平等地接受教育、参加政治选举的权利，也没有继承权。针对这种情况，女权主义运动可谓势在必行。

刚开始兴起的女权主义运动，为女性争取到了选举权。后来，女权主义运动逐渐拓展至职场、家庭和社会其他方面，致力于消除各领域的男女差别待遇。

正因为无数人的努力，现代女性才可以参与政治活动，也可以获得平等的经济和社会权利，还获得了和男性平等的受教育机会。

我们必须共同努力，让女性不因性别而遭受不公平待遇。每一个人，不管是男性还是女性，都应得到他人尊重，享受平等权利，有尊严地生活。

课后活动 02

女生和男生
有哪些相同点和不同点？

前面我们了解了女性和男性都是平等的个体，不管是女性还是男性，每个人都可以做自己想做的事情。此外，我们还共同探讨了女权主义的相关内容。

现在，我们来做一做《OX小测验》，复习一下刚刚所学的知识吧。

① 男性比女性聪明。 O X

② 女性比男性更会做饭。 O X

③ 家务活最好只由妈妈承担。 O X

④ 女性也可以成为英雄。 O X

⑤ 比起女性，跆拳道更适合男性。 O X

⑥ 男性和女性适合的职业并不是完全固定的。 O X

⑦ 男性应该无条件地帮助女性。 O X

⑧ 女权主义涵盖了保障女性权利的运动。 O X

⑨ 为保障女性权利，可以稍微压制一下男性的权利。 O X

⑩ 针对包含性别角色的固有观念，我们应该具备批判性眼光。 O X

答案 ① × ② × ③ × ④ ○ ⑤ × ⑥ ○ ⑦ × ⑧ ○ ⑨ × ⑩ ○

第3章

我身体的主人只有我自己！

13 我的一天我决定

听听我的故事

我周末想睡懒觉，

但爸爸却一定让我起床，要带我去爬山。

刚回到家，妈妈又催促我快点洗澡，赶紧写作业。

我强打精神写完作业，

刚想享受自己的自由时间，

爸爸又喊我玩游戏。

我宝贵的周末时间啊！

连一件自己想做的事情都没做成。

大家要练习自己做决定。

大人们经常会以年龄小为理由代替孩子来做一些决定，并希望孩子能根据他们的标准来做事情。这是因为孩子年龄尚小，对很多事情难以做出正确的判断。

为了让孩子安心学习，父母们会帮孩子安排好生活中的各种事情，但去了学校，孩子就要独自面对很多事情，也要自己做出决定。一旦到了做决定的时候，孩子可能会有些慌张。因此，孩子们最好提前练习自己做决定。

首先，从生活中的小事开始练习。比如，明天早上几点起床，穿什么衣服，几点写作业，从几点到几点看漫画书，等等。从每天必须做的小事开始，培养自己做决定的能力。

拥有自我决定权，意味着你有能力决定自己要做的事情。只有不断地磨炼自己，才能在未来遇到各种情况时，自己做出正确的决定，为自己的身心健康负责。

我们每个人都有自我决定权。你的自我决定权很重要，别人的自我决定权同样重要。所以大家不要随意干涉别人的决定，不要随意对待别人的决定。

请大家从日常生活中的小事开始，自己练习做决定吧。所谓聚沙成塔，慢慢积累经验，你就会变得更强大、更自主。

我很好奇！

征得同意！

每个人都有自我决定权，都有权利对自己的身心和行动做决定。如果有人想拉我的手、掐我的脸、抱我、亲我，不管是家人、亲密的朋友、认识的人，还是其他不认识的人，都必须经过我的**同意**。无论同意还是不同意，都由我自己决定，这也是自我决定权。

相反，如果我想亲别人、抱别人、抓别人的手，也需要征求对方的同意。这是尊重对方的自我决定权。那么，如何征求对方的意见呢？

办法很简单，**就是直接询问对方的想法。**

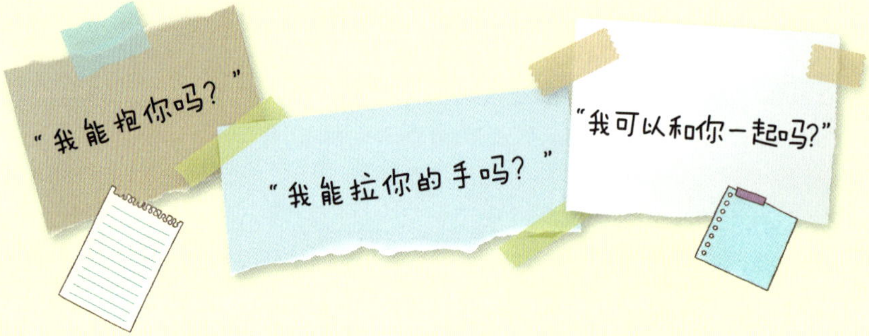

询问对方后，如果对方回答“嗯”，表示对方已经同意了。不过，如果对方回答“不要”“不行”，就表示对方不同意，在这种情况下，大家不可以勉强对方。

如果对方面对自己的询问一言不发，该怎么办呢？如果对方不说话，我能按照自己的想法去行动吗？当然不行。不说话也是一种回答。虽然对方没有直截了当地回答“不行”，但对方也没有说“可以”来表示同意，因此，大家不可以采取任何行动。

是不是很简单啊？希望大家在征得他人的**同意**后再有所行动，这是理解和尊重自己及他人自我决定权的起点。

14 只有我想亲亲的时候才能亲亲

我现在没有心情亲亲。

听听我的故事

“亲亲妈妈。” “亲亲爸爸。”

我又不是小孩子，可爸爸妈妈经常让我亲亲。

有一次，去爷爷奶奶家，
刚见面，爸爸就让我亲亲奶奶和爷爷，
我心里有点儿不舒服。
我已经不是小孩子了。

有时候不想亲亲，
真希望他们能尊重我的感受。

彼此尊重的亲亲。

在孙老师的儿子很小的时候，带着他走在路上时，有些大人看他可爱就忍不住捏他的脸蛋儿，甚至亲他。每当这时，老师总会对这些人说：“孩子也有可能不喜欢，会吓一跳。”那些大人听到孙老师的话，会不好意思或心情不悦，但老师认为拒绝他们是没错的。

亲亲是大人见孩子可爱、漂亮而表达喜爱之情的一种方式。孩子虽然年龄小，但也有自我决定权。孩子有权决定拒绝。

就像如果我想抚摸别人的身体需要经过别人的同意一样，别人想抚摸我的身体也需要经过我的同意。因为关于我身体和心理的一切都是由我自己来决定的。即便是家人或亲密的朋友也必须遵守这一点。

孙老师和儿子有一个约定：想亲亲时要先征求对方的意见。我会问他："妈妈可以亲亲你吗？"如果我的儿子同意，表示"好"，那他会把脸凑过来，老师也会把脸凑过去亲一下。

不过，如果他不想亲亲，说："妈妈，我现在不想亲亲，等以后再说吧。"那么，老师也会尊重他的想法。

我们将这个尊重彼此选择的举动叫作**彼此尊重的亲亲**，也可以叫作"5∶5亲亲"，意思是彼此向对方凑近了一步。

大家遇到别人想亲亲的情况，不用顾忌对方会因为被拒绝而受伤。请认真聆听自己的心声，自己决定要不要亲亲。

15 请不要看我可爱就随便抚摸我

听听我的故事

爸爸的朋友们来家里玩。

虽然我们认识很久了，但可能是因为许久未见，

我感觉有些尴尬、害羞。

我打过招呼，正想回自己的房间时，

其中一个人拍了拍我的屁股，

说道："你这小家伙，长这么大了！"

我当时一下子怔在原地，就像石头一样。

竟然连问都不问就拍我屁股！

我现在想起来还觉得心里不舒服，甚至有些难过。

我身体的主人是我自己，任何人不得随便抚摸我的身体。

大人能随便抚摸小孩子的身体吗？反过来，小孩子因为年少无知，就能随意抚摸大人的身体吗？当然都是不可以的。因为将手随意放到别人身上这种行为，违背了别人的自我决定权。

如果大人觉得小孩子很可爱，只要说一句“好可爱啊”就可以了，完全没必要去抚摸孩子的身体。如果很想向孩子表达喜爱之情，那就需要征得孩子的同意，如问一声“我可以抱你吗”。

就像“我的祖国”“你的祖国”“我的东西”“你的东西”这些说法，所有的一切都有界限，我们应该**尊重彼此的界限**。

界限是不同事物的分界，是一种框架。不管看得见的，还是看不见的事物，世界上所有的一切都有其界限。任何人未经同意不得越界。我们必须尊重彼此的界限。

如果有人越过你设的界限，如随意抚摸你，说一些让你不舒服的话，或者做出一些令你不舒服的举动，你就要直截了当地表示“不要”，然后和那个人保持距离。接下来，你必须如实告诉家里的大人或者老师。

就像未经同意不得擅入国境一样，人们之间也必须遵守彼此的界限。

我很好奇！

学会拒绝，学会说“不要”“不行”！

人们之间想要维持良好的关系，就一定要学会**尊重彼此的界限**。不管是家人，还是朋友，都要彼此尊重。如果对方随意越线，你就要义正词严地表示拒绝，明确表示“不行”“不要”。下面，孙老师来告诉大家“尊重彼此的界限”的三大法则。希望大家牢记，并付诸实践。

法则1

当对方试图越过我的界限时，告诉对方“不可以”“不要”。

法则2

要想让别人尊重我的界限，我必须尊重别人的界限。

法则3

要想越过对方的界限，首先要征求对方意见。如果对方拒绝，请尊重对方的决定。

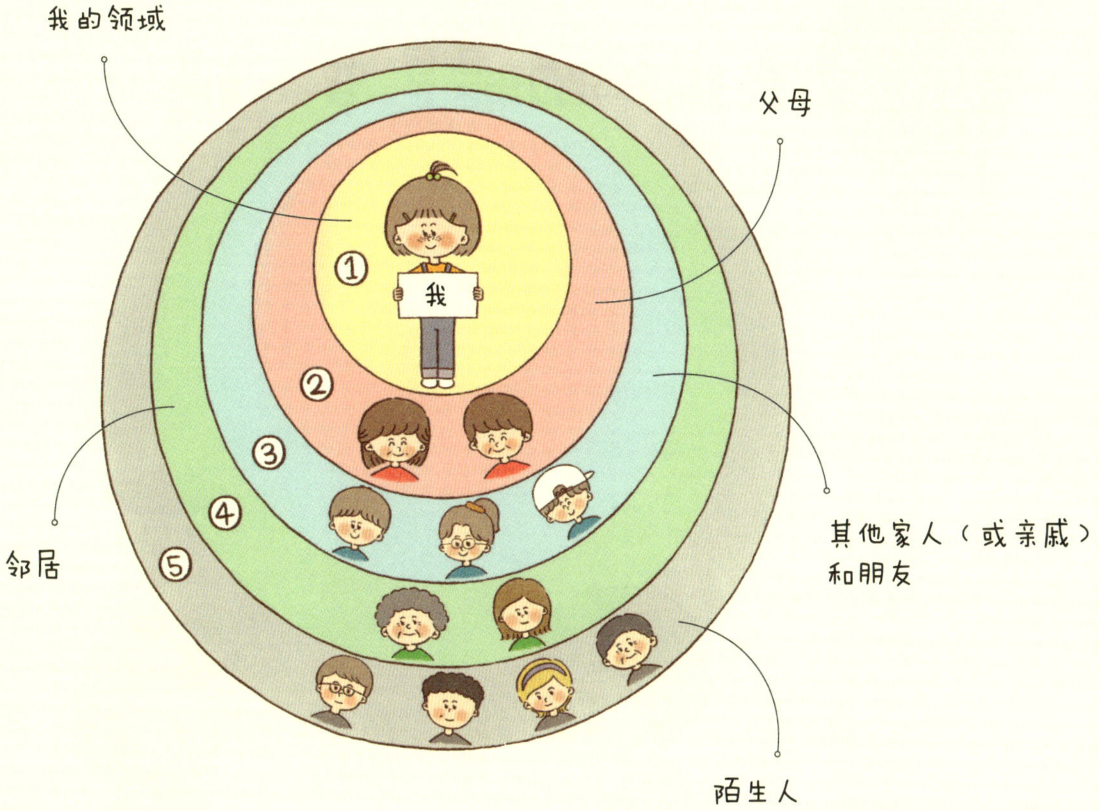

"我的界限至关重要，
别人的界限也同样重要，需要彼此尊重！"

16 我妈妈的腿是萝卜腿！

听听我的故事

今天，我们要去参加亲戚的婚礼。

一大早，爸爸、妈妈和我都忙着打扮自己。

妈妈穿着新买的裙子走出来等夸奖，

谁知爸爸笑嘻嘻地说：

“你妈妈的腿是萝卜腿啊！”

妈妈听后火冒三丈，

气急败坏地去换上了裤子。

虽然爸爸后来向她道歉了，

但妈妈的脸色一整天都阴沉沉的。

哎哟，爸爸可真是的……

以貌取人，语言暴力——绝对不可以！

你有没有因为外貌而被人嘲笑过呢？你有没有针对朋友的长相开过玩笑呢？比如："你的眼睛像扣眼一样小啊！""你的腿怎么这么粗啊？"恶意评论别人的外貌，是一种非常失礼的行为。这样会给对方的心灵带来很大的伤害。

当然，有人会说"我们关系好，我才这样说的"。既然是朋友关系，就更应该谨慎一些。对于那些很在意自己外貌的人来说，这样那样的评价会对他们造成一定的伤害。

在不了解对方的情况下，经常对别人的外貌缺点进行评价，长此以往，很容易忽略他人的优点。用言语来随意表达对别人的讨厌和憎恶，对别人造成心理上的伤害，这种行为被称为**语言暴力**。

语言暴力是当前人们面临的比较可怕的问题之一。除了恶意评判别人的外貌，还有针对人种、性别、居住地、身体残疾等方面的讥讽，甚至还有因对方比自己弱小或者观念不同等，而用恶毒的言语攻击对方。

如果经常嘲笑别人或恶意评价他人，久而久之，你的心里也会积累很多消极情绪。因此，语言暴力是一件很糟糕的事情，大家一定不要去做，也要尽量让自己远离它。

17 我就是开了个玩笑，为什么这么敏感啊？

听听我的故事

最近，我们很喜欢玩这样一个游戏：

像做三明治一样将身体摞在一起，

使劲地压住底下的人。

被压在最底下的人痛苦地大叫，

那场面真是太好笑了。

今天，成彬被压在了最底下。她很生气，还大哭起来。

大家觉得好笑，嘻嘻哈哈地说：

“喂，开个玩笑而已，对不起啦！”

我们只是闹着玩，她怎么哭了？她是不是太敏感了？

如果对方感到痛苦，请立刻停止你的行为，并真心道歉。

玩笑和暴力在本质上是完全不同的。对于一种行动或言语，如果大家都很开心，那便是玩笑；如果只有一方感觉开心，另一方却感觉痛苦，那则属于暴力。有时候，你一句无心的玩笑话也会伤害别人，这时候的玩笑就变成暴力了。

男孩有时候会掀女孩的裙子、拽女孩的头发或者说一些令女孩讨厌的玩笑话，这些行为会让女孩很难过，甚至流眼泪。大人们见到或听到这样的事情，可能会表示“那个男孩应该是喜欢你”。可他因为喜欢我而开这样的玩笑，我就必须原谅他吗？

如果那个男孩真的喜欢我，比起惹我哭，他当面告诉我，或者给我写信、送我小礼物等不是更好吗？能表达心意的办法有千万种，为什么要选择让对方不愉快的那一种呢？

如果你已经因为一个小小的玩笑让对方受到了伤害，那现在应该怎么办呢？立刻去道歉。前面小故事里的小朋友嘻嘻哈哈的道歉态度也不可取，道歉应该真心实意，而不应该看起来像另外一个玩笑。

道歉时，态度要严肃认真，要真心实意地表达自己的歉意。而且，不是自己道歉了，别人就必须无条件地原谅。如果他/她还很伤心，很难立刻选择原谅。大家应该给他/她一些时间，让他/她平复心情，等待内心的伤口愈合。

我们一定要尊重他人，不要故意开玩笑，让别人心里受伤。希望大家在开玩笑前，好好想想对方的立场和感受。

18 什么是儿童性暴力？

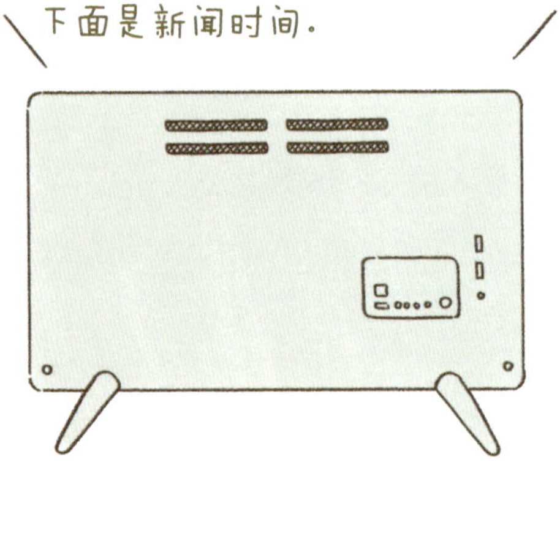

听听我的故事

晚饭后，我和家人一起看新闻。

新闻报道，一个和我年龄相仿的小女孩

遭遇了性暴力，住进了医院。

爸爸妈妈表情严肃，紧盯着电视，

很担心我和姐姐。

虽然我不知道性暴力到底是什么，

但心里莫名地害怕，紧紧地搂住了妈妈。

我有些担心那个小朋友。

希望警察叔叔快点抓到那个伤害小朋友的人，

让他接受法律制裁。

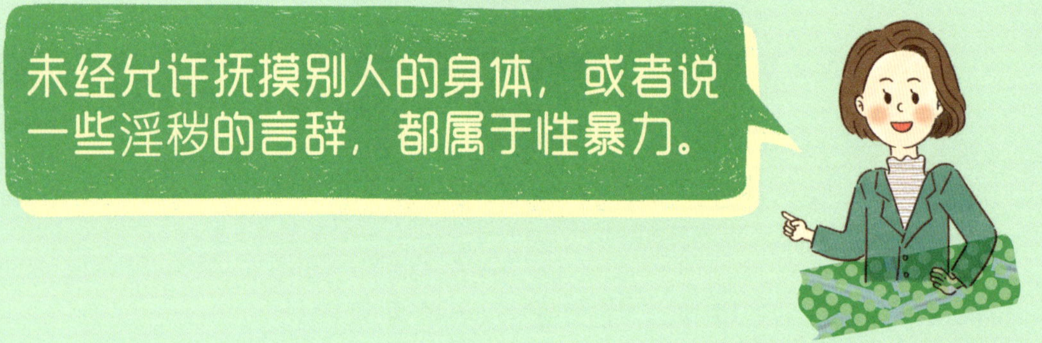

当看到儿童遭遇性暴力侵害的新闻时，孙老师真的是怒不可遏。

这种行为无论是在生理上还是心理上，都会对柔弱的儿童造成极大的伤害。我们必须多渠道开展儿童防性侵教育，打击性暴力犯罪。

身体的主人只有自己。不管是家人、亲戚，还是亲密的朋友，必须征得我的同意后才能靠近我。

完全无视这样的规则，随意摸别人的身体就是**性暴力**。此外，用淫秽的玩笑伤害对方的心理，让对方看性行为视频或别人的身体，强迫发生性行为这些行为也属于性暴力。

男性可能会对女性实施性暴力，相反地，女性也有可能对男性实施性暴力。而且，同性之间也有可能发生这种情况。不管是女性，还是男性，都有可能成为性暴力的受害者。

那么，男性遭遇性暴力是不是无所谓呢？当然不是。

虽然大家需要学习了解的事情太多。但为了远离这种危险，请大家一定、务必、千万要记住什么是性暴力，并时刻保持警惕，安全健康地长大。

19 面对性暴力，只要谨慎一点儿就能应对吗？

听听我的故事

我了解性暴力后，

完全变成了一个胆小鬼。

无论在哪儿，只要身后有脚步声，我就会恐慌。

家里来了陌生人，我就会躲起来。

看到路上的行人，我也会觉得害怕。

只要我小心一点儿，

是不是就能避开那些危险的情况了？

我每天为此忧心忡忡，

感觉头都要炸了。

向父母或值得信任的大人寻求帮助。

对于性暴力，大家不论何时何地都要保持谨慎但不必过分紧张、杞人忧天，正常生活就好。

我们已经一起学习过“尊重彼此的界限”，但总有一些人会无视界限，实施性暴力，让人防不胜防。一旦遭遇性暴力，后果不堪设想。面对突然而至的性暴力，我们应该采取怎样的处理方法呢?

首先，要去找父母、值得信任的大人以及值得信任的专家，将事情的详细经过进行如实说明。这世上有些所谓“秘密”必须公之于众，这样才能解决问题。请大家不要犹豫，第一时间将实情说出来，并接受心理疏导。与其独自痛苦、担忧，不如寻求大人们的帮助，让他们帮助你渡过难关。

如果周围没有值得信任的大人，大家可以给相关咨询机构打电话，寻求专家和老师们的帮助。

遭遇性暴力并不是受害者的过错，因此，对于自己无法避免的情况，大家千万不要自责。请牢记这一点。

课后活动 03

性暴力预防测验

请大家做一做下面的测验，看看自己有没有掌握保护自己身体和心理的方法。

1. 好久不见的舅舅激动地想亲亲我，但我不想让他亲，我应该怎么做呢？

① 即便自己不喜欢，亲亲也没关系。

② 义正词严地拒绝，表示“不行”。

③ 报警。

2. 哪项不属于“尊重彼此的界限”三大原则？

① 有人越过我的界限时，我要直接表示“不行”！

② 要想让对方尊重我的界限，我也必须尊重对方的界限。

③ 父母和朋友与我关系亲密，因此他们没必要尊重我的界限。

④ 如果想越过对方的界限，首先要征求对方意见。

3. 关于性暴力的描述，哪一项是不正确的？

① 即使是身边很亲密的人，也有可能实施性暴力。

② 遭遇性暴力后，无须去医院。

③ 让对方心理受伤的淫秽玩笑也属于性暴力。

④ 女生和男生都有可能成为受害者。

4. 请选出正确的性暴力应对方法。

① 为防止被人报复，不会将实情告诉任何人。

② 去找值得信任的咨询机构，寻求帮助。

③ 让心里的伤痛自行平复。

答案 1. ② 2. ③ 3. ② 4. ②

第4章

我们都是朋友！

20 我只和女生一起玩

听听我的故事

我实在不理解为什么有些女生爱和

男生一起玩。

我一点儿也不羡慕！

和男生玩有什么意思啊？

他们那么闹腾，还爱开玩笑，

跟他们连话都说不明白！

我只会和女生玩！

不管是女生还是男生朋友，都要和他们愉快相处。

大家的女生朋友多，还是男生朋友多？孙老师想了想自己小的时候，经常和女生朋友一起成群结队地玩耍。当时的我认为，都是女生，在一起相处更加自在，彼此之间也有说不完的话。

不过，现在仔细一想，完全没有必要那样。老师长大后也交了很多男性朋友，我和他们相处也很自在，很谈得来，也能了解彼此的心意。

可能小时候有几个男生和我开过一些讨厌的玩笑，我就以为“所有的男生都那样”吧。所以，我现在有些后悔，后悔当时自己没有和他们好好相处。如果我当时愿意和男生朋友在一起玩，那我的学生时代应该会更快乐吧。

友情是不分性别的。交朋友时可以不用区分是女生朋友还是男生朋友。不管是男生，还是女生，只要相处愉快，都可以成为朋友。大家多认识一些朋友，就会自然而然地培养起自己的社会属性。也就是说，我们能够更好地融入社会生活。

希望大家都能拥有一份温暖的友情，既能彼此欣赏优点，也能互相包容缺点。

21 我再也不和你做朋友了！

听听我的故事

今天，我和贤瑞大吵了一架。

贤瑞是我最亲密的朋友，
可我竟然听到她和别人说我的坏话。

什么？我爱发脾气，还很自私？

哼，她才爱耍小性子呢！

贤瑞虽然跟我道歉了，
但我太生气了，扬言要和她绝交：
“我以后再也不跟你做朋友了！”

在好朋友面前，更应该注意自己的言行举止。

大家喜欢交朋友吗？孙老师非常喜欢交朋友。小时候，孙老师每天都会和朋友分享前一天发生的事情，分享好吃的美食，分享自己的心事。孙老师的周围有很多朋友。

因为经常和朋友们在一起，所以有时候也会因意见不合而发生争执。每个人的想法、性格各不相同，朋友之间该如何友好地相处呢？其实，理解和体谅对方的想法，也是成长过程中的一个阶段。

事实上，小打小闹有时候也会消除彼此间积累的误会，从而加深友情。

不管是关系多好的朋友，一旦发生争执，双方都会开始讨厌彼此。而我们不能因为一时的恼火而失去好朋友。在孙老师看来，最好的办法是彼此真诚地表达自己的感受，并且就做错的地方向对方道歉。

两个人沟通时，站在对方的立场好好想一想，就能知道该如何表达了。彼此关系越亲近，就越应该注意各自的言行举止。

22 你不能只和我一个人做朋友吗？

听听我的故事

课间休息时间，我去朋友班里找他玩，

看到他和一个女生在笑嘻嘻地聊天。

我有点儿不高兴了……聊的什么事情那么有趣啊？

我很郁闷，没和他打招呼就转身离开了。

我本想找另一个朋友倾诉一下，

没想到这个朋友正和我不喜欢的那个同学在玩闹。

我顿时火冒三丈：朋友是我的！

不能只和我一个人亲近吗？

学会和很多朋友融洽相处。

在一些歌曲中或日常生活中，我们经常会听到“你是我的……”这样的话。大家听到这样的话是什么感受呢？会感觉很酷吗？但孙老师每次听到这样的话，心里会有一丝不舒服。

因为，我们每个人都是独立的，只属于我们自己，并不属于别人。我们都只是自己的主人。不管那个人是你亲密的朋友还是家人，都不能将他据为己有。

前面小故事里的主人公之所以那样想，是嫉妒心在作祟。嫉妒是一种想把喜欢的朋友据为己有的心理。这不是什么大错特错的事情，只要是很喜欢某个人就很可能产生这样的情感。

如果嫉妒心理越来越严重，就会影响朋友间的感情。嫉妒心理虽是出于喜欢，但这种心理与其说是一种爱意，不如说是一种欲望。

就算彼此惺惺相惜，彼此也都是独立的个体，不存在谁是谁的人这种处世原则。如果喜欢对方，就认真观察对方喜欢什么，相比一味地表达自己的感情，最好先聆听对方的想法，这样才能心灵相通。

我们生活在社会这个大家庭中，需要与很多人产生联系，需要和他们维持良好的关系，结交各种各样的朋友。请多认识一些朋友，和他们保持健康的关系，这对大家来说是一种很好的经历。

23 拒绝别人好难啊！

听听我的故事

钟敏给我写了一封信，说他很喜欢跟我在一起。

我和钟敏从小一起长大。

可是，我喜欢的人不是他。

钟敏要是知道了，会很难过的……

我为此苦恼了好几天。

今天在回家的路上，钟敏拉我的手了。

我不好意思甩开，

好别扭啊！

拒绝别人时，要把话说清楚。

喜欢一个人，珍惜一个人，这种感觉是很美好的。只是，这种美好的感觉更适合两情相悦的情况；如果两个人心意不同，其中一方也许会受到伤害。有的人面对朋友的喜欢，可能会说“我不想伤害这个朋友”，从而不明确表达自己“并不喜欢”对方的心意。那这样的话，接受对方的心意不是会造成误会吗？彼此都会受伤。

孙老师认为，面对感情，不要勉强自己，也不要勉强对方，对方会在不经意间察觉到你的真实想法，造成两个人都受到伤害。这种情况下，最好清楚地表达自己的心意。

拒绝别人的心意这件事，连作为大人的孙老师也觉得很难。孙老师始终觉得，拒绝对方珍贵的心意是一件很残酷的事情。有时候，我心里还会产生

“我是一个坏人吗？”这样的想法，但还是要把话说清楚。

如果想与朋友维持好关系，避免产生误会，那么学会拒绝也是非常重要的。

面对对方的喜欢，我们应该怎样做呢？首先，我们需要明确自己的心意，即使我们和对方不是一个想法。其次，尊重自己内心的决定。如果和对方心意一致，那么可以积极回应对方；如果彼此心意不同，就要向对方表示“对不起，我不能接受你的喜欢”。

相反，如果你遭到对方的拒绝，应该怎么办呢？不管你有多么喜欢对方，都不要违背他的意愿去接近他。你的心意非常重要，对方的心意也一样重要。虽然你会有点儿难过，但如果真的喜欢对方，就肯定能体谅对方。

课后活动 04

友情

虽然我们每个人都是独立的个体，但人与人之间却又是相互联系的。我们不仅需要理解自己的同性朋友，也需要呵护、珍爱自己的异性朋友。不管是对待同性朋友还是异性朋友，最关键的是要有一颗“尊重和呵护对方的心”。

下面，我们一起来做一做《OX 小测验》吧！

① 我想和对方做朋友，直到他同意我为止。 O X

② 如果不喜欢朋友和自己有身体接触，要明确地对他说“不要！”。 O X

③ 一旦开始和我做朋友，就不能和其他朋友一起玩了。 O X

④ 如果彼此喜欢，可以向对方说：“我们做朋友吧！” O X

⑤ 如果朋友间出现矛盾，最好彼此不再联系。 O X

⑥ 我是女生，只和女生一起玩。 O X

答案 ① × ② ○ ③ × ④ ○ ⑤ × ⑥ ×